SIMPLES DOCUMENTS

MESSAGES

ET

ALLOCUTIONS PRÉSIDENTIELS

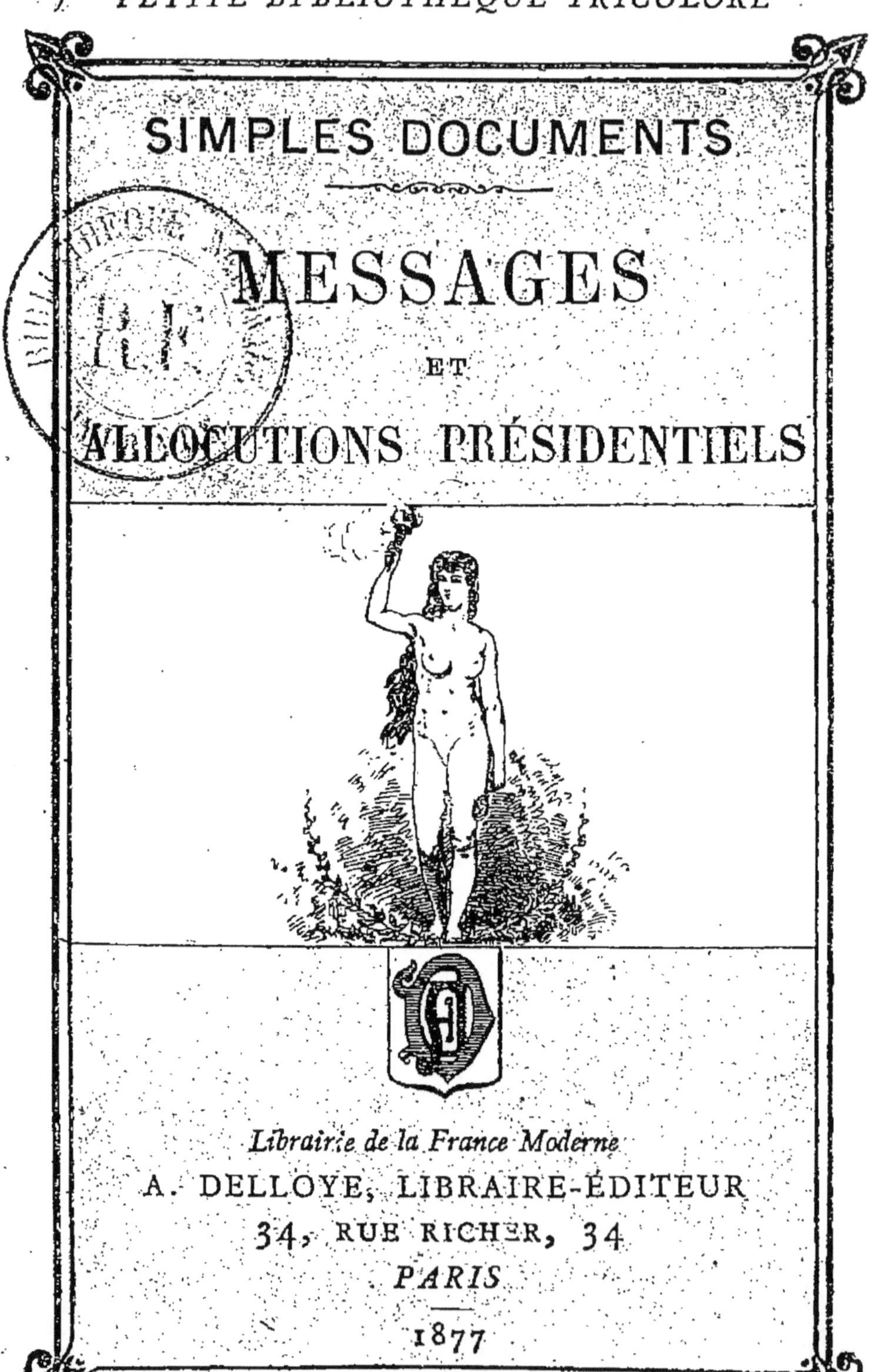

Librairie de la France Moderne

A. DELLOYE, LIBRAIRE-ÉDITEUR

34, RUE RICHER, 34

PARIS

1877

25 Centimes

SIMPLES DOCUMENTS

MESSAGES

ET

ALLOCUTIONS PRÉSIDENTIELS

Librairie de la France Moderne

A. DELLOYE, LIBRAIRE-ÉDITEUR

34, RUE RICHER, 34

PARIS

1877

AUX LECTEURS

—

Pour répondre aux bruits alarmants colportés depuis longtemps par les gens timorés, ou par ceux de mauvaise foi qui cherchent à exploiter, en l'égarant, l'opinion publique, nous avons pensé qu'il serait utile de reproduire les principaux Messages de M. le Maréchal de Mac-Mahon, depuis son entrée à la Présidence.

En effet, quelques minutes de réflexion, en dehors de tout esprit de parti, suffiront pour faire comprendre qu'un militaire, ayant un passé glorieux, ne faillira jamais au mandat politique dont il a été investi sous la foi de sa parole.

Libres de nos sympathies et de nos opinions, ayons donc du bon sens, et soyons Français avant tout !

A. D.

12 juin 1877.

MESSAGES

ET ALLOCUTIONS PRÉSIDENTIELS

LETTRE

adressée le 24 mai 1873, à l'Assemblée nationale

PAR

M. LE MARÉCHAL DE MAC-MAHON.

—

Messieurs les représentants,

J'obéis à la volonté de l'Assemblée, dépositaire de la souveraineté nationale, en acceptant la charge de Président de la République. C'est une lourde responsabilité imposée à mon patriotisme. Mais, avec l'aide de Dieu, le dévouement de notre armée, qui sera toujours l'armée de la loi, l'appui de tous les honnêtes gens, nous continuerons ensemble l'œuvre de la libération du territoire et du rétablissement de l'ordre moral dans notre pays. Nous maintiendrons la paix intérieure et les principes sur lesquels repose la société. Je vous en donne ma parole d'honnête homme et de soldat.

MESSAGE

DE

M. LE MARÉCHAL DE MAC-MAHON

Lu à l'Assemblée nationale le 26 mai 1873.

—

Messieurs,

Appelé par l'Assemblée nationale à la présidence de la République, j'ai exercé sans retard le pouvoir que vous m'avez confié, et fait choix d'un ministère dont tous les membres sont sortis de vos rangs.

La pensée qui m'a guidé dans la composition de ce ministère et celle qui devra l'inspirer lui-même dans tous ses actes, c'est le respect de vos volontés et le désir d'en être toujours le scrupuleux exécuteur.

Le droit de la majorité est la règle de tous les gouvernements parlementaires, mais cette règle est surtout d'une application nécessaire dans les institutions qui nous régissent, en vertu desquelles le magistrat chargé du pouvoir exécutif n'est que le délégué de l'Assemblée, en qui réside la seule autorité véritable et qui est l'expression vivante de la loi.

Cette Assemblée, dans le cours des deux années d'existence qu'elle a déjà parcourues, a eu deux grandes tâches à remplir : libérer notre territoire envahi après d'affreux malheurs et rétablir l'ordre dans une société travaillée par l'esprit révolutionnaire.

La première de ces deux tâches a été poursuivie avec un dévouement constant, non par la majorité seulement, mais par l'unanimité de ses représentants, la France peut le dire avec orgueil. Aucune des grandes mesures qui ont eu pour but le rachat de notre indépendance nationale n'a soulevé dans cette enceinte un débat ni rencontré un contradicteur.

Disons bien haut que ces mesures n'auraient pu être prises si le pays lui-même, le pays tout entier ne s'y était prêté, quelque onéreuses qu'elles fussent, avec une patience héroïque qui n'a laissé échapper ni une réclamation ni un murmure. Ce concours de toutes les classes est la force principale qui est venue en aide dans d'habiles et patriotiques négociations à l'homme illustre que je remplace et dont une dissidence que je déplore sur la politique intérieure a seule pu vous séparer.

Je compte sur vous, messieurs, pour retrouver la même force dans les efforts que je devrai faire, afin d'achever, par l'entière exécution de nos engagements, cette œuvre, aujourd'hui, grâce à Dieu, presque acccomplie.

La tâche, d'ailleurs sera facilitée par les excellents rapports que le dernier gouvernement a su rétablir entre la France et les puissances étrangères et que je m'efforcerai d'entretenir.

Ma ligne de conduite à cet égard sera exactement celle qui a été indiquée plusieurs fois par mon prédécesseur, à cette tribune, et que vous avez toujours approuvée : Maintien de la paix assez hautement professé et pratiqué pour que l'Europe, convaincue de notre sincérité, ne puisse voir dans la réorganisation de notre armée — à laquelle je continuerai de travailler sans relâche — que le désir légitime de réparer nos forces et de conserver le rang qui nous appartient.

Dans [la politique intérieure, le sentiment qui a dicté tous vos actes est l'esprit de conservation sociale. Toutes les grandes lois que vous avez votées à d'immenses majorités ont eu ce caractère essentiellement conservateur. Quelquefois divisés sur les questions purement politiques, vous vous êtes trouvés aisément réunis sur le terrain de la défense des grands principes fondamentaux sur lesquels repose la société et que menacent aujourd'hui tant d'audacieuses attaques.

Le Gouvernement qui vous représente doit donc être et sera, je vous le garantis, énergiquement et résolûment conservateur.

Des lois très-importantes sur l'organisation de l'armée, sur l'administration municipale, sur l'enseignement public, sur d'autres questions encore qui touchent à des intérêts de premier ordre, commerciaux et financiers, sont préparées ou débattues en ce moment dans vos commissions. Je crois avoir choisi des ministres compétents pour en traiter avec vous.

D'autres lois qui soulèvent des questions constitutionnelles d'une haute gravité ont été présentées par mon prédécesseur, qu'une décision expresse de vous en avait chargé. Vous en êtes saisis, vous les examinerez, le Gouvernement lui-même les étudiera avec soin, et quand viendre le jour où vous jugerez convenable de les discuter, il vous donnera sur chaque point son opinion réfléchie.

Mais pendant que vous délibérez, messieurs, le Gouvernement a le devoir et le droit d'agir. Sa tâche est, avant tout, d'administrer, c'est-à-dire d'assurer par une application journalière l'exécution des lois que vous faites et d'en faire pénétrer l'esprit dans les populations. Imprimer à l'administration entière l'unité, la cohésion, l'esprit de suite, faire respecter partout et à tout instant la loi, en lui donnant à tous les degrés des organes qui la respectent et se respectent eux-mêmes, c'est un devoir étroit, souvent pénible, mais par là même plus nécessaire à remplir à la suite des temps révolutionnaires. Le Gouvernement n'y faillira pas.

Telles sont, messieurs, mes intentions, qui ne sont autres que de me conformer aux vôtres. A tous les titres qui commandent notre obéissance, l'Assemblée joint celui d'être le véritable boulevard de la société menacée en France et en Europe par une faction qui met en péril le repos de tous les peuples et qui ne hâte votre dissolution que parce qu'elle voit en vous le principal obstacle à ses desseins.

Je considère le poste où vous m'avez placé comme celui d'une sentinelle qui veille au maintien de l'intégrité de votre pouvoir souverain.

------ ◆ ------

MESSAGE

DE

M. LE MARÉCHAL DE MAC-MAHON

Lu à l'Assemblée nationale le 29 juillet 1873.

—

Messieurs,

L'Assemblée nationale a décidé qu'elle suspendrait pendant quelques mois ses travaux. Elle peut s'éloigner sans inquiétude ; j'ose lui donner l'assurance que rien, en son absence, ne viendra compromettre l'ordre public et que son autorité légitime sera partout respectée. J'y veillerai de concert avec le ministère que j'ai choisi dans vos rangs.

Je me félicite de voir que ce ministère est honoré de votre confiance. L'accord si désirable du Gouvernement et de l'Assemblée a déjà, même dans le court espace de temps qui s'est écoulé depuis que vous m'avez remis le pouvoir, fait sentir ses heureux effets. Grâce à cette union, des lois importantes ont pu être votées presque sans débat. Je place au premier rang celle qui assure la défense du pays en donnant une organisation définitive à l'armée que vous saluiez, il y a peu de jours, de vos acclamations.

Quand vous vous réunirez de nouveau, un grand événement impatiemment attendu sera consommé : l'occupation étrangère aura cessé; nos départements de l'Est, qui ont si noblement payé leur dette à la patrie, puisqu'ils ont été les premières victimes de la guerre et les derniers gages de la paix, seront enfin soulagés d'une épreuve héroïquement supportée et nous ne verrons plus sur le territoire français d'autre armée que l'armée française. Ce bienfait inappréciable est l'œuvre commune du patriotisme de tous. Mon prédécesseur a puissamment contribué par d'heureuses négociations à la préparer. Vous l'avez aidé dans sa tâche en lui prêtant un concours qui ne lui a jamais fait défaut, et en maintenant une politique prudente et ferme qui a permis au développement de la richesse publique d'effacer rapidement les traces de nos désastres. Enfin, ce sont nos laborieuses populations surtout qui ont hâté elles-mêmes l'heure de leur libération par leur empressement à se résigner aux plus lourdes charges.

La France, dans ce jour solennel, témoignera sa reconnaissance à tous ceux qui l'ont servie;

mais dans l'expression de sa joie patriotique, elle gardera la mesure qui convient à sa dignité, et elle réprouverait, j'en suis sûr, les manifestations bruyantes, peu conformes au souvenir qu'elle conserve des sacrifices douloureux que la paix a coûtés.

Cette paix, si chèrement acquise, c'est notre premier besoin, et notre ferme résolution est de la maintenir.

Rendue à la complète possession d'elle-même, la France sera mieux en mesure encore qu'auparavant d'entretenir avec toutes les puissances étrangères des rapports de sincère amitié. Ces sentiments sont réciproques de leur part; j'en reçois chaque jour l'assurance formelle. C'est le fruit de la sage ligne de conduite que l'Assemblée elle-même, oubliant ses dissentiments intérieurs pour ne songer qu'aux intérêts généraux de la patrie, a consacrée plus d'une fois par l'unanimité de ses suffrages; vous m'approuverez d'y persévérer. »

MESSAGE

DE

M. LE MARÉCHAL DE MAC-MAHON

Lu à l'Assemblée nationale le 5 novembre 1873.

Messieurs,

Au moment où vous vous sépariez, je vous di-

sais que vous pouviez vous éloigner sans inquiétude et qu'en votre absence rien ne viendrait
troubler le repos public.

Ce que je vous annonçais s'est réalisé.

En vous réunissant aujourd'hui, vous retrouvez
la France en paix. La libération complète de
notre territoire est maintenant un fait consommé.
L'armée étrangère a quitté le sol français, et nos
troupes sont rentrées dans nos départements éva-
cués, au milieu de la joie patriotique des populations. Notre délivrance s'est opérée sans causer
de troubles au dedans, sans éveiller de méfiances
au dehors. L'Europe, assurée de notre ferme résolution de maintenir la paix, nous voit sans
crainte reprendre possession de nous-mêmes. Je
reçois de toutes les puissances le témoignage de
leur désir de vivre avec nous dans des relations
d'amitié.

A l'intérieur, l'ordre public a été fermement
maintenu ; une administration vigilante, confiée
à des fonctionnaires d'origine politique diffé-
rente, mais tous dévoués à la cause de l'ordre, a
fait strictement appliquer les lois existantes ;
elle s'est inspirée partout de cet esprit conservateur dont la grande majorité de cette Assemblée
s'est montrée toujours animée et dont, en ce qui
me concerne, tant que vous me confierez le pouvoir, je ne me départirai pas.

À la vérité, la tranquillité matérielle n'a pas
empêché l'agitation des esprits, et, à l'approche
de votre réunion, la lutte engagée entre les partis

a redoublé de vivacité. Il fallait s'y attendre. Au nombre des objets que vous aviez indiqués vous-mêmes comme devant vous occuper dès la reprise de vos travaux, figurait l'examen des lois constitutionnelles présentées par mon prédécesseur. Cette attente ramenait nécessairement la question jusqu'ici toujours réservée de la forme définitive du Gouvernement. Il n'est donc pas étonnant que ce grave problème ait été soulevé d'avance par les divers partis et traité par chacun d'eux avec ardeur dans le sens conforme à ses vœux. Je n'avais point qualité pour intervenir dans leur débat, ni pour devancer l'arrêt de votre autorité souveraine : l'action de mon Gouvernement a dû se borner à contenir la discussion dans les limites légales et à assurer, en toute hypothèse, le respect absolu de vos décisions.

Votre pouvoir est donc entier et rien n'en peut entraver l'exercice. Peut-être pourtant penserez-vous que l'émotion causée par ces discussions si vives est une preuve que, dans l'état présent des faits et des esprits, l'établissement d'une forme de Gouvernement, quelle qu'elle soit, qui engage indéfiniment l'avenir, présente de graves difficultés. Peut-être trouverez-vous plus prudent de conserver à vos institutions le caractère qui leur permet de rallier, comme aujourd'hui, autour du pouvoir, tous les amis de l'ordre sans distinction de parti.

Si vous en jugez ainsi, permettez à celui que vous avez élu, sans qu'il ait cherché cet honneur, de vous dire avec franchise son sentiment. Pour donner au repos public une garantie sûre, il manque au régime actuel deux conditions essentielles dont vous ne pouvez sans danger le laisser privé plus longtemps : il n'a ni la stabilité ni l'autorité suffisantes.

Quel que soit le dépositaire du pouvoir, il ne peut faire un bien durable si son droit de gouverner est chaque jour remis en question et s'il n'a devant lui la garantie d'une existence assez longue pour éviter au pays la perspective d'agitations sans cesse renouvelées. Avec un pouvoir qui peut changer à tout moment, on peut assurer la paix du jour, mais non la sécurité du lendemain ; toute grande entreprise est par là même rendue impossible ; le travail languit ; la France, qui ne demande qu'à renaître, est arrêtée dans son développement. Dans les relations avec les puissances étrangères, la politique ne peut acquérir l'esprit de suite et de persévérance qui seul à la longue inspire la confiance et maintient ou rétablit la grandeur d'une nation.

Si la stabilité manque au pouvoir actuel, l'autorité, aussi, lui fait souvent défaut. Il n'est pas suffisamment armé par les lois pour décourager les factions et même pour se faire obéir de ses propres agents. La presse se livre avec impunité à des écarts et des violences qui finiraient par corrompre l'esprit des populations ; les municipalités élues oublient qu'elles sont les organes de la loi et laissent l'autorité centrale sans représentant sur bien des parties du territoire. Vous songerez à ces périls et vous ferez don à la société d'un pouvoir exécutif durable et fort qui prenne souci de son avenir et puisse la défendre énergiquement.

● ● ●

MESSAGE

DE

M. LE MARÉCHAL DE MAC-MAHON

Lu à l'Assemblée nationale, le 17 novembre 1873.

Messieurs,

Au moment où va s'ouvrir la discussion sur la prorogation de mes pouvoirs, je crois qu'il est de mon devoir d'indiquer les garanties sans lesquelles il serait imprudent, selon moi, d'accepter la tâche redoutable de gouverner un grand pays. Les ministres, conformément aux usages du régime parlementaire, expliqueront les actes du Gouvernement devant l'Assemblée qui est leur juge souverain; mais, lorsque mon autorité est mise en discussion et que ma responsabilité est engagée, personne ne sera supris que je fasse moi-même connaître ma pensée.

La France, dont les vœux demandent pour le Gouvernement de la stabilité et de la force, ne comprendrait pas une résolution qui assignerait au Président de la République un pouvoir dont la durée et le caractère seraient soumis, dès son début, à des réserves et à des conditions suspensives ; renvoyer aux lois constitutionnelles, soit le point de départ de la prorogation, soit les effets définitifs du vote de l'Assemblée, ce serait dire à l'avance que, dans quelques jours, on remettra en question ce qui sera décidé aujourd'hui.

Je dois désirer plus que tout autre que les lois constitutionnelles nécessaires pour déterminer les conditions d'exercice des pouvoirs publics soient discutées prochainement, et l'Assemblée voudra certainement exécuter sans retard la résolution qu'elle a déjà prise sur ce point ; mais subordonner la proposition qui est en discussion au vote des lois constitutionnelles, ne serait-ce pas rendre incertain le pouvoir que vous voulez créer, et diminuer son autorité ?

Si je n'avais consulté que mes goûts, je n'aurais pas parlé de la durée de mes pouvoirs. Toutefois, je cède au désir qu'un grand nombre de membres de l'Assemblée ont manifesté de connaître mon opinion à ce sujet. Je comprends la pensée de ceux qui, pour favoriser l'essor des grandes affaires, ont proposé de fixer la prorogation à dix ans ; mais après y avoir bien réfléchi, j'ai cru que le délai de sept ans répondrait suffisamment aux exigences de l'intérêt général et serait plus en rapport avec les forces que je puis consacrer encore au pays.

Si l'Assemblée pense que, dans la position où elle m'a placé, je suis en mesure de rendre encore quelques services, je déclare hautement que j'userai des pouvoirs qui me seront confiés pour la défense des idées conservatrices, car je suis convaincu que la majorité de la France est attachée à ces principes aussi fermement que la majorité de la représentation nationale.

COMMUNICATION

DE M. LE MARÉCHAL DE MAC-MAHON

A l'Assemblée nationale, le 24 novembre 1873.

Messieurs,

Je tiens à vous exprimer ma vive reconnaissance pour la haute marque de confiance que vous venez de me donner. En me remettant pour sept ans le dépôt du pouvoir exécutif, vous avez voulu assurer au pays la sécurité, gage nécessaire de sa prospérité. Je répondrai, je l'espère, à votre attente; vous trouverez toujours en moi un ferme soutien de l'ordre et un fidèle défenseur des décisions de l'Assemblée nationale.

MESSAGE

DE M. LE MARÉCHAL DE MAC-MAHON

Lu à l'Assemblée nationale, le 9 juillet 1874.

Messieurs,

Lorsque, par la loi du 20 novembre, vous avez

remis entre mes mains le pouvoir exécutif pour sept ans, vous avez voulu, en plaçant au-dessus de toute contestation le mandat que je tenais de vos suffrages, donner aux intérêts la sécurité qui leur est nécessaire et que des institutions précaires sont impuissantes à leur procurer.

Le vote de l'Assemblée m'a imposé de grands devoirs dont je suis responsable envers la France, et auxquels, dans aucun cas, il ne m'est permis de me soustraire. Il m'a conféré des droits dont je ne me servirai jamais que pour le bien du pays. Les pouvoirs dont vous m'avez investi ont une durée fixe. Votre confiance les a rendus irré-vocables, et, devançant le vote des lois constitu-tionnelles, vous avez voulu, en me les attribuant, enchaîner vous-mêmes votre souveraineté.

Ces pouvoirs, dont la durée ne peut pas être abrégée, j'userai, pour les défendre, des moyens dont je suis armé par les lois. En le faisant, du reste, je répondrai, j'en suis convaincu, à l'attente et à la volonté de l'Assemblée qui, lorsqu'elle m'a placé pour 7 ans à la tête du Gouvernement de la France, a entendu créer un pouvoir stable, fort et respecté.

Mais la loi du 20 novembre doit être complé-tée. L'Assemblée, qui a promis de donner au pouvoir fondé par elle les organes sans lesquels il ne saurait utilement fonctionner, ne peut songer à décliner son engagement. Qu'elle me per-mette donc aujourd'hui de le lui rappeler d'une manière pressante et d'en réclamer d'elle la prompte exécution.

Le pays appelle de ses vœux l'organisation des pouvoirs publics, qui sera pour lui un gage de stabilité. Il faut que les questions réservées soient résolues. De nouveaux délais, en prolongeant l'incertitude, pèseraient sur les affaires, nuiraient à leur développement et à leur prospérité.

Le patriotisme de l'Assemblée ne faillira point aux obligations qui lui restent à accomplir. Elle donnera au pays ce qu'elle lui doit et ce qu'il attend. Au nom des plus grands intérêts, je l'adjure de compléter son œuvre, de délibérer sans retard sur des questions qui ne doivent pas rester plus longtemps en suspens : le repos des esprits l'exige. Unis dans la même responsabilité, l'Assemblée et le Gouvernement voudront accomplir ensemble tous les devoirs qui leur sont imposés. Il n'en est pas de plus impérieux que celui qui consiste à assurer au pays, par des institutions régulières, le calme, la sécurité, l'apaisement dont il a besoin.

Je charge mes ministres de faire connaître sans retard à la Commission des lois constitutionnelles les points sur lesquels je crois essentiel d'insister.

MESSAGE

DE

M. LE MARÉCHAL DE MAC-MAHON

Lu à l'Assemblée nationale le 3 décembre 1874.

—

Messieurs,

Au moment où vous allez reprendre vos travaux, le Gouvernement a le devoir de vous exposer la situation générale du pays, et je vous dois aussi la manifestation loyale de mes propres sentiments.

Je me suis efforcé, pendant votre absence, de remplir scrupuleusement la double mission qui m'était assignée : l'affermissement de la paix et le maintien de l'ordre.

Aucune complication extérieure ne vient, en ce moment, entraver l'œuvre de réorganisation à laquelle nous nous sommes dévoués. Mon Gouvernement n'a négligé aucune occasion d'affirmer, par ses paroles comme par ses actes, la résolution de tenir fidèlement tous ses engagements et de respecter rigoureusement tous les traités.

Cette politique que vous avez toujours approuvée, et dans laquelle nous avons persévéré, a rendu chaque jour plus confiants nos rapports avec les puissances étrangères. Aucune d'elles ne doute aujourd'hui de notre sincère désir d'entretenir avec tous les cabinets des relations pacifiques et amicales.

A l'intérieur, la situation économique du pays s'est sensiblement améliorée.

Au déficit de l'année dernière a succédé une récolte exceptionnelle ; et, grâce aux circonstances qui l'ont favorisée, grâce aux progrès soutenus de l'agriculture, la production agricole s'est élevée à un chiffre qui n'avait jamais été atteint.

Cette abondance heureuse dont nous remercions la Providence, ne pouvait manquer d'influer sur le développement des affaires et la prospérité générale du pays. Aussi l'activité industrielle qui, pendant le premier semestre, avait subi quelque ralentissement, par suite de l'insuffisance de la récolte précédente, a repris depuis d'une manière sensible.

Jamais le mouvement de nos exportations n'a été aussi considérable que dans le cours des quatre mois qui viennent de s'écouler, et tout porte à penser qu'au point de vue des échanges les résultats de 1873, les plus satisfaisants qui eussent été obtenus jusqu'ici, seront pour le moins égalés.

L'activité imprimée aux travaux d'utilité publique viendra seconder puissamment ce vaillant effort du travail national ; nous comptons également sur lui pour assurer plus largement la rentrée de nos impôts.

En s'occupant avec une vive sollicitude des finances publiques, et principalement des moyens de créer les ressources nécessaires pour mettre en équilibre les dépenses et les recettes du budget de 1875, le Gouvernement s'est conformé à vos intentions et aux vœux du pays ; il a cherché, avant tout, à faire produire aux impôts existants tout ce qu'ils doivent donner.

Des mesures destinées à réaliser d'utiles réformes dans l'administration des finances, à compléter notre législation fiscale et à prévenir, autant que possible, les fraudes de toute nature, seront présentées prochainement à l'approbation de l'Assemblée nationale. Notre situation financière vous sera d'ailleurs exposée dans un rapport spécial, et vous apprécierez en parfaite connaissance de cause si ces moyens pourront suffire à combler le déficit que la loi de finances du 5 août 1874 a laissé subsister.

En parcourant quelques-uns de nos départements, j'ai vu partout s'affirmer, avec l'amour de l'ordre, avec le besoin de calme et de repos, le désir qu'une organisation reconnue par vous indispensable, vienne donner au pouvoir issu de la loi du 20 novembre la force dont il a besoin pour remplir la mission que vous lui avez confiée.

Incessamment agité par la propagation des plus pernicieuses doctrines, le pays vous demande, en effet, d'assurer la marche du Gouvernement qui doit le protéger avec vous et de garantir, par des mesures de sage prévoyance, durant la période de stabilité que vous avez promise à la France, le fonctionnement régulier des pouvoirs publics.

Sur ces questions si graves, que vous allez prochaînement aborder, l'entente, je l'espère, s'établira entre vous.

Je ne déclinerai pas ma part de responsabilité, et l'intervention du Gouvernement ne vous fera pas défaut.

Mais je tiens à vous dire, dès aujourd'hui, comment je comprends mes devoirs vis-à-vis de l'Assemblée et du pays.

Je n'ai accepté le pouvoir pour servir les aspirations d'aucun parti : je ne poursuis qu'une œuvre de défense sociale et de réparation nationale.

J'appelle à moi pour m'aider à l'accomplir, sans aucun esprit d'exclusion, tous les hommes de bonne volonté, tous ceux dont les préférences personnelles s'inclinent devant les nécessités du présent et devant la cause sacrée de la patrie. Je désire ardemment que le concours d'aucun d'eux ne me fasse défaut. Je le réclame au nom de la France dont je n'ai en vue que le salut et la grandeur.

Mais, dans tous les cas, rien ne me découragera dans l'accomplissement de ma tâche.

Le 20 novembre 1873, dans l'intérêt de la paix, de l'ordre, de la sécurité publique, vous m'avez confié pour sept ans le pouvoir exécutif. Le même intérêt me fait un devoir de ne point déserter le poste où vous m'avez placé et de l'occuper jusqu'au dernier jour avec une fermeté inébranlable et un respect scrupuleux des lois.

MESSAGE

DE

M. LE MARÉCHAL DE MAC-MAHON

Lu à l'Assemblée nationale, le 6 janvier 1875.

—

Messieurs,

L'heure est venue où vous allez aborder la grave discussion des lois constitutionnelles, les travaux de votre commission sont prêts, et l'opinion publique comprendrait difficilement un nouveau retard.

Désireux, comme je n'ai à aucun moment cessé de l'être, de voir promptement donner au pouvoir que j'exerce, en vertu de la loi du 20 novembre, ce complément nécessaire, je charge mon Gouvernement de vous demander pour l'une de vos prochaines séances la mise à l'ordre du jour de la loi qui établit une seconde Chambre.

C'est là, en effet, l'institution que paraissent le plus impérieusement réclamer les intérêts conservateurs dont vous m'avez confié et dont je ne déserterai jamais la défense.

Les rapports sont aujourd'hui faciles entre l'Assemblée et le pouvoir qui émane d'elle ; il en serait peut-être autrement le jour où, ayant fixé vous-mêmes le terme de votre mandat, vous feriez place à une Assemblée nouvelle.

Des conflits peuvent naître alors, et, pour les

terminer, l'intervention d'une seconde Chambre, offrant, par sa composition, de solides garanties, est indispensable. La nécessité ne serait pas moins grande, quand même, pour trancher ces conflits, vous croiriez utile — comme mon Gouvernement l'a demandé — d'armer le pouvoir exécutif du droit de recourir au jugement du pays par la voie de la dissolution.

L'usage de ce droit extrême serait périlleux, et j'hésiterais moi-même à l'exercer si, dans une circonstance si critique, le pouvoir ne se sentait appuyé par le concours d'une Assemblée modératrice.

J'ai la satisfaction de penser que, sur ce point, je suis en accord avec la majorité de cette Assemblée. Si dans le cours de la délibération, mon Gouvernement présente certaines modifications au projet que votre commission vous a soumis, ce sera pour en rendre l'adoption plus facile.

Un autre point plus controversé ne doit pas être moins promptement décidé : c'est celui qui touche à la transmission du pouvoir, quand j'aurai cessé de l'exercer. Ici mon intervention doit avoir un caractère plus réservé, puisque ma responsabilité personnelle ne peut, en aucun cas, être engagée.

Je n'hésite pas à dire cependant que, dans ma pensée, cette transmission, à l'échéance du 20 novembre 1880, devrait être réglée de manière à laisser aux Assemblées qui seront alors en exercice, la liberté pleine et entière de déterminer la forme du Gouvernement de la France.

C'est à cette condition que, d'ici là, le concours de tous les partis modérés peut rester assuré à l'œuvre de réparation nationale que je suis chargé de poursuivre.

J'attache moins d'importance (et je crois que le pays pense comme moi) à la question de savoir ce qui devrait être fait si, par une volonté de la Providence que tout homme doit prévoir, la vie m'était retirée avant l'expiration de mon mandat. La souveraineté nationale ne périt pas, et ses représentants pourront toujours faire connaître sa volonté.

On a exprimé, toutefois, le désir que, dans cette éventualité, rien ne fût changé jusqu'en 1880 au cours actuel des choses. Vous jugerez s'il n'y aurait pas lieu de compléter par cette disposition les garanties de stabilité promises par la loi du 20 novembre ? En tout cas, c'est un point à débattre et à régler entre vous dans un grand esprit de conciliation : la France ne comprendrait pas, j'en suis sûr, qu'un différend reposant sur une hypothèse, vînt troubler le bien présent et certain qu'elle attend de votre accord.

Telles sont les vues que m'a suggérées l'étude que j'ai faite pendant l'année qui vient de s'écouler des véritables besoins du pays. Les entretiens que j'ai pu avoir avec un grand nombre de membres de cette Assemblée me font espérer qu'une majorité pourra les sanctionner par ses suffrages.

C'est mon vœu le plus cher et celui que, dans l'intérêt même de l'Assemblée, je vous conjure de réaliser. Les anxiétés de la France, les périls qui l'assiégent vous indiquent votre devoir.

Pour moi, je crois avoir rempli le mien tout entier, et, quelle que soit l'issue de ces débats, je compte que la justice de mon pays appréciera mes efforts.

PROCLAMATION

DU MARÉCHAL DE MAC-MAHON

Au Peuple français

République française

Français,

Pour la première fois depuis cinq ans, vous êtes appelés à des élections générales. Il y a cinq ans, vous avez voulu l'ordre et la paix. Au prix des plus cruels sacrifices, à travers les plus redoutables épreuves, vous les avez obtenus.

Aujourd'hui, vous voulez encore l'ordre et la paix. Les sénateurs et les députés, que vous élirez, devront, avec le président de la République, travailler à les maintenir.

Nous devrons appliquer ensemble, avec sincérité, les lois constitutionnelles, dont j'ai seul le droit, jusqu'en 1880, de provoquer la révision. Après tant d'agitations, de déchirements et de malheurs, le repos est nécessaire à notre pays, et je pense que nos institutions ne doivent pas être révisées avant d'avoir été loyalement pratiquées.

Mais pour les pratiquer comme l'exige le salut de la France, la politique conservatrice et vraiment libérale, que je me suis constamment proposé de faire prévaloir, est indispensable.

Pour la soutenir, je fais appel à l'union des hommes qui placent la défense de l'ordre social, le respect des lois, le dévouement à la patrie, au-dessus des souvenirs, des aspirations et des engagements de parti. Je les convie à se rallier tous autour de mon gouvernement.

Il faut que, à l'abri d'une autorité forte et respectée, les droits sacrés qui survivent à tous les changements de gouvernement et les intérêts légitimes que tout gouvernement doit protéger, se trouvent en pleine sécurité.

Il faut non-seulement désarmer ceux qui pourraient troubler cette sécurité dans le présent, mais décourager ceux qui la menacent dans l'avenir par la propagation de doctrines antisociales et de programmes révolutionnaires.

La France sait que je n'ai ni recherché ni désiré le pouvoir dont je suis investi; mais elle peut compter que je l'exercerai sans faiblesse, et pour remplir jusqu'au bout la mission qui m'est confiée, j'espère que Dieu m'aidera et que le concours de la nation ne me fera pas défaut.

Le président de la République française,

Maréchal DE MAC-MAHON,

duc DE MAGENTA.

Paris, le 13 janvier 1876.

MESSAGE

DE

M. LE MARÉCHAL DE MAC-MAHON

Lu aux Chambres, le 18 mai 1877.

Messieurs les sénateurs,

Messieurs les députés,

J'ai dû me séparer du ministère que présidait M. Jules Simon et en former un nouveau. Je dois vous faire l'exposé sincère des motifs qui m'ont amené à prendre cette décision.

Vous savez tous avec quel scrupule, depuis le 25 février 1875, jour où l'Assemblée nationale a donné à la France une Constitution républicaine, j'ai observé dans l'exercice du pouvoir qui m'est confié toutes les prescriptions de cette loi fondamentale.

Après les élections de l'année dernière, j'ai voulu choisir pour ministres des hommes que je supposais être en accord de sentiments avec la majorité de la Chambre des députés.

J'ai formé dans cette pensée successivement deux ministères :

Le premier avait à sa tête M. Dufaure, vétéran de nos Assemblées politiques, l'un des auteurs de la Constitution, aussi estimé par la loyauté de son caractère qu'illustre par son éloquence.

M. Jules Simon, qui a présidé le second, atta—

ché de tout temps à la forme républicaine, voulait, comme M. Dufaure, la concilier avec tous les principes conservateurs.

Malgré le concours loyal que je leur ai prêté, ni l'un ni l'autre de ces ministres n'a pu réunir, dans la Chambre des députés, une majorité solide acquise à ses propres idées.

M. Dufaure a vainement essayé, l'année dernière, dans la discussion du budget, de prévenir des innovations qu'il regardait justement comme très-fâcheuses.

Le même échec était réservé au président du dernier cabinet sur des points de législation très-graves, au sujet desquels il était tombé d'accord avec moi qu'aucune modification ne devait être admise.

Après ces deux tentatives également dénuées de succès, je ne pouvais faire un pas de plus dans la même voie sans faire appel ou demander appui à une autre fraction du parti républicain : celle qui croit que la République ne peut s'affermir sans avoir pour complément et pour conséquence la modification radicale de toutes nos grandes institutions administratives, judiciaires, financières et militaires.

Ce programme est bien connu, ceux qui le professent sont d'accord sur tout ce qu'il contient ; ils ne diffèrent entre eux que sur les moyens à employer et le temps opportun pour l'appliquer. Ni ma conscience, ni mon patriotisme ne me permettent de m'associer, même de loin, et pour l'avenir, au triomphe de ces idées.

Je ne les crois opportunes, ni pour aujourd'hui, ni pour demain. A quelque époque qu'elles dussent prévaloir, elles n'engendreraient que le désordre et l'abaissement de la France.

Je ne veux ni en tenter l'application moi-même ni en faciliter l'essai à mes successeurs ; tant que je serai dépositaire du pouvoir, j'en ferai usage dans toute l'étendue de ses limites légales pour m'opposer à ce que je regarde comme la perte de mon pays.

Mais je suis convaincu que le pays pense comme moi.

Ce n'est pas le triomphe de ces théories qu'il a voulu aux élections dernières.

Ce n'est pas ce que lui ont annoncé ceux, — c'étaient presque tous les candidats, — qui se prévalaient de mon nom et se déclaraient résolus à soutenir mon pouvoir.

S'il était interrogé de nouveau et de manière à prévenir tout malentendu, il repousserait, j'en suis sûr, cette conclusion.

J'ai donc dû choisir, et c'était mon droit constitutionnel, des conseillers qui pensent comme moi sur ce point qui est en réalité le seul en question.

Je n'en reste pas moins, aujourd'hui comme hier, fermement résolu à respecter et à maintenir les institutions qui sont l'œuvre de l'Assemblée de qui je tiens le pouvoir et qui ont constitué la République.

Jusqu'en 1880, je suis le seul qui pourrai proposer d'y introduire un changement et je ne médite rien de ce genre.

Tous mes conseillers sont comme moi décidés à pratiquer loyalement les institutions et incapables d'y porter aucune atteinte. Je livre ces considérations à vos réflexions comme au jugement du pays.

Pour laisser calmer l'émotion qu'ont causée les derniers incidents, je vous inviterai à suspendre vos séances pendant un certain temps.

Quand vous les reprendrez, vous pourrez vous mettre, toute autre affaire cessante, à la discussion du budget qu'il est si important de mener bientôt à terme.

D'ici là mon Gouvernement veillera à la paix publique; au dedans il ne souffrirait rien qui la compromette; au dehors, elle sera maintenue, j'en ai la confiance, malgré les agitations qui troublent une partie de l'Europe, grâce aux bons rapports que nous entretenons et voulons conserver avec toutes les puissances, et à cette politique de neutralité et d'abstention qui vous a été exposée tout récemment et que vous avez confirmée par votre approbation unanime.

Sur ce point, aucune différence d'opinion ne s'élève entre les partis. Ils veulent tous le même but par le même moyen.

Le nouveau ministère pense exactement comme l'ancien et, pour bien attester cette conformité de sentiment, la direction politique étrangère est restée dans les mêmes mains.

Si quelques imprudences de paroles ou de presse compromettaient cet accord que nous voulons tous, j'emploierais, pour les réprimer, les moyens que la loi met en mon pouvoir, et pour les prévenir je fais appel au patriotisme qui, Dieu merci, ne fait défaut, en France, à aucune classe de citoyens.

Mes ministres vont vous donner lecture du décret qui, conformément à l'article 24 de la loi constitutionnelle du 16 juillet 1875, ajourne les Chambres pour un mois.

Paris. — Imp. F. Debons et Cie, 16, rue du Croissant.

M. A. DELLOYE, fils de l'Éditeur qui inaugura jadis les publications illustrées à bon marché, se propose de faire paraître sous le titre de :

PETITE BIBLIOTHÈQUE TRICOLORE

une série de brochures inspirées par le patriotisme, et tendant à propager la science et la morale.

Il sera extrêmement reconnaissant aux personnes qui voudront bien lui apporter leur concours littéraire et artistique.

Prière d'adresser lettres et propositions :

34, Rue Richer à Paris

10 Juin 1877

Paris. — Typ. F. Debons et Cⁱᵉ, 16, Rue du Croissant.